TRAITÉ PRATIQUE

DES

DOUANES

PAR M. A. DELANDRE

Directeur des Douanes

SIXIÈME SUPPLÉMENT

ANNÉE 1863

>+⟨⟩+⟨⟩+⟨⟩+

Dispositions générales

756—18. 4ᵉ §. *Tarif.* L'application du bénéfice du trajet direct aux marchandises prises dans l'Inde et transportées par navires français, tant des lieux de chargement jusqu'à Suez que d'Alexandrie en France, est subordonnée à la production d'un certificat constatant le pavillon importateur, le nombre des colis, la nature et la provenance des marchandises. (*Déc. min. du 6 mai 1863 ; circ. man. du 12.*) Ce certificat doit être délivré par le Consul de France à Suez (*même circ. man.*) ou par les Consuls français des différents ports de provenance. (*Circ. lith. du 17 juin 1863.*)

757. — 6ᵉ §. *Rayer à partir des mots :* Les marchandises (2ᵉ *ligne*), l'Art. 28 de la loi du 16 mai 1863 ayant supprimé la restriction concernant les ports africains ou asiatiques de la Méditerranée, etc.

Les avantages de l'importation directe des lieux de production en Europe sont applicables aux produits du Schleswig-Holstein, accompagnés de certificats d'origine délivrés par le Consul de France à Hambourg (*Déc. du 19 juin 1863*).

Sont exemptés de la formalité du certificat d'origine les huiles de ricin importées en droiture d'au-delà des caps (*Déc. du 27 mars 1863.*) ; les foulards de l'Inde et les cachemires fabriqués à la main dans les pays hors l'Europe, admissibles au droit de 5 p. % (*Déc. du 16 juillet 1863.*) ; les Cotons en laine provenant des pays hors d'Europe. (*Circ. du 26 décembre 1863, n° 940.*)

Quant aux Cotons importés d'Europe, V. n° 454 S. (*Circ. du 26 décembre 1863, n° 940.*)

758. — Les modérations de droits établies en raison des lieux de provenance ou de production ne sont applicables que lorsqu'il est justifié que les marchandises ont été importées en droiture, selon le cas, des pays de provenance ou de production désignés par la loi, et qu'elles ont été prises à terre dans lesdits pays. (*Loi du 16 mai 1863, Art. 23 ; circ. du 25, n° 904.*)

759—454 S. 2ᵉ §. 4ᵉ Ligne. *Ajouter :* même en touchant aux entrepôts des pays intermédiaires. (*Déc. du 29 avril 1863.*)

760. — L'exemption de droits afférente au liége brut ou rapé, arrivant directement du pays de production, doit être appliquée au liége de Portugal importé par navire ayant fait une escale intermédiaire dans un port espagnol. (*Déc. du 22 juillet 1863.*)

761—25. *Rayer, l'Art. 29 de la loi du 16 mai 1863 ayant rapporté le régime indiqué.*

762—45. P. 76. L'indemnité représentative de la taxe de plombage du mois de décembre est, le cas échéant, augmentée du nombre des centimes nécessaires pour faire arriver la part annuelle de l'agent à la somme totale accordée. Ainsi la part étant, par exemple, de 200 fr., les allocations mensuelles sont de 16 fr. 66 c., sauf pour décembre où le paiement est de 16 fr. 74 c. (*Déc. du 8 avril 1863.*)

763—50. P. 90, 1ᵉʳ §. Les frais d'expertise d'un produit taxé à la valeur (*V.* n° 434 S.) et reconnu bien estimé par le déclarant, sont imputés sur les frais de saisie irrécouvrables. V. n° 2256. (*Déc. du 13 avril 1863.*)

764—65. P. 124, 6ᵉ §. L'administration a, par lettre du 19 mars 1863, donné un modèle de l'état des chefs divisionnaires ayant droit à la répartition des indemnités de tournées. On doit y inscrire des observations sommaires sur le redoublement ou le ralentissement d'activité des titulaires et des intérimaires.

765—69. Dans le cas où, à raison de nécessités de service, comme le passage de voyageurs après les heures légales sur des points où les moyens de transport ne subissent aucune interruption (V. nᵒˢ 1922 T, 10 S.), un receveur principal remet à un agent de bureau les fonds nécessaires afin de pourvoir au remboursement immédiat de consignations (V. nᵒˢ 1933, 2093), cette avance est formée des deniers particuliers du comptable. On ne fait point alors application des dispositions énoncées aux nᵒˢ 294 et 295 T. (*Déc. de la compt. gén. du 8 juin 1861.*)

766—82. P. 156, 1ᵉʳ §. *Personnel.* Sauf dans les ports et sur les points où stationnent d'ordinaire les navires, il convient, à moins de circonstances exceptionnelles, de substituer à la surveillance permanente dite d'observation individuelle, celle qui consiste à garder et explorer le terrain au moyen d'escouades ambulantes opérant d'une manière intermittente, imprévue et variée, à raison de la topographie des côtes, des endroits accessibles, de l'état de la mer, etc. (*Circ. man. du 5 février 1863.*)

767—89. Les frais d'étamage d'ustensiles de cuisine d'une caserne sont à la charge de l'ordinaire, alors même que les objets auraient été achetés par imputation sur le boni des masses. (*Déc. du 26 mai 1863.*)

768—93. P. 194. 5ᵒ §. On peut désigner, sur l'état série E nᵒ 82, par rang de mérite et sans distinction de classe, savoir : pour la sous-inspection, les capitaines à 2,400 et à 2,200 fr. ; pour la capitainerie, les lieutenants à 1,800 et à 1,600 fr. ; pour la lieutenance, les brigadiers à 1,000 et à 950 fr. (*Circ. man. du 4 septembre 1863.*)

769—337 S. 7ᵉ §. A l'égard des agents sur le compte desquels l'opinion des chefs n'a pas changé, il importe de reproduire en entier, au lieu de s'y référer, les notes précédemment fournies. (*Circ. man. du 8 juin 1863.*)

Dernier §. Les feuilles de signalement individuel doivent être fournies pour tous les agents que les chefs ont eus sous leurs ordres pendant la plus longue période du temps écoulé entre le 1ᵉʳ juillet précédent et le 1ᵉʳ juillet de l'année courante. (*Circ. man. du 8 juin 1863.*)

770—463 S. *Ajouter :* et circ. lith. du 26 octobre 1863.

771—99. 8ᵉ §. *Ajouter :* à ce rapport sont annexées des attestations motivées de l'inspecteur divisionnaire et du directeur.

Dernier §, 2ᵐᵉ ligne. *Ajouter :* de certificats d'invalidité physique délivrés par l'inspecteur divisionnaire et par le directeur. *(Déc. du 18 mars 1863.) V.* n° 108, note 2.

772—108. 1ᵉʳ §, 5ᵐᵉ ligne. *Mettre :* circ. man. du 5 septembre 1863.

Dernier §. Tous les actes délivrés par les maires doivent être revêtus du cachet officiel de la commune et être dûment légalisés. *(Déc. du 26 juin 1863.)*

773—113. En cas de perte de brevet de pension, pour en obtenir un duplicata, il faut adresser à l'administration, 5ᵐᵉ direction, 3ᵐᵉ bureau, une déclaration de l'intéressé revêtue d'un visa du payeur des finances rappelant la date du dernier paiement des arrérages. *(Déc. du 21 octobre 1863.)*

774—119. 1ᵉʳ §, 1ʳᵉ ligne. *Ajouter en note :* mais sans procéder isolément. *(Déc. du 5 mars 1863.)*

775—122 *bis.* Un agent ne peut être admis plus de deux années de suite dans les hôpitaux thermaux militaires. *(Déc du 12 mai 1863.)*

776—180. *Déclaration.* L'exemption de droits, soit à l'entrée, soit à la sortie, ne dispense pas le commerce de faire les déclarations prescrites par la loi, selon les spécifications et unités énoncées au tarif général, sous la peine rappelée au n° 778 S. *(Loi du 16 mai 1863, art. 19 ; circ. du 25, n° 901.) V.* n° 782 S.

777—219. *Visite.* 11ᵉ ligne. *Ajouter :* les tissus élastiques en caoutchouc ; les velours de coton, façon soie, dits velvets *(Circ. lith. du 6 juin 1863.)* ; les sucres raffinés, en pains, importés en vrac, dans des papiers d'enveloppe. *(Circ. lith. du 18 novembre 1863.)*

Pour l'application du poids net, il faut tendre à se rapprocher autant que possible de la réalité, lorsque la taxe n'a pas été fixée en vue du supplément de poids résultant des moyens habituels de séparation ou de pliage, et si, d'ailleurs, l'arrangement intérieur n'est pas de nature à empêcher la constatation par épreuves du poids net effectif. *(Circ. lith. du 6 juin 1863.)*

778—224. À défaut de déclaration, dans les bureaux, des marchandises exemptes de droits, ou au cas de fausse déclaration de ces marchandises, *V*. n° 776 S, le commerce encourt, soit à l'entrée, soit à la sortie, une amende de cent francs. *(Loi du 16 mai 1863, art. 19 ; circ. du 25, n° 901.)*

Pour les manifestes, *V*. n°s 432 et 433 ; les débarquements ou les embarquements irréguliers, *V*. n° 479 ; la fraude, *V*. n° 600, etc., 924, etc.

779—248 T. 2me §. 348 S, 1er §. *Acquittement. Ajouter :* et loi du 16 mai 1863, art. 24 ; circ. du 25, n° 901.

780—253. Article concernant le sucre brut. *Rayer et mettre :*

Sucres bruts.	Emballages en bois (futailles, caisses, etc.)		13 p. %
	Canastres		8 p. %
	Autres emballages	doubles (1)	4 p. %
		simples	2 p. %

(Décret du 29 août 1863 ; circ. n°s 926 et 942.)

781—257. A l'égard des chiffons autres que de laine exportés, il n'est pas alloué de tare quand les emballages sont eux-mêmes propres à la fabrication du papier. *(Déc. du 29 juin 1863.)*

782—260. *Stastistique.* On doit attacher d'autant plus d'importance à dégager la statistique de toute cause d'erreur qu'elle est devenue l'un des principaux éléments d'information pour la conclusion des traités de commerce. Les directeurs doivent, au besoin, se concerter avec les chambres de commerce pour amener les commissionnaires ou expéditeurs à déclarer exactement les marchandises, même exemptes de taxes à l'entrée ou à la sortie. Les chefs locaux font procéder à un nombre suffisant de vérifications pour arriver à un contrôle sérieux ; mais ils veillent à ce qu'on ne dépasse pas le but par des investigations trop minutieuses ou trop multipliées. En cas de fausse déclaration ou d'absence de déclaration, il serait rédigé procès-verbal pour l'application de l'amende énoncée au n° 778 S. *(Circ. du 25 mai 1863, n° 901.)*

783. — P. 370. Avant-dernier §. L'état série E n° 48 doit présenter en un seul total toutes les matières premières de même nature importées temporairement dans la principauté pendant l'année expirée. Il faut y faire ressortir, par note et pour chaque espèce de produits, les quantités

---

(1) Quand il s'agit d'autres emballages que les canastres, les futailles et les caisses, si pour des sucres renfermés en plus de deux enveloppes l'on demandait l'allocation de la tare légale, celle de 4 % serait appliquée. *(Circ. n° 926).*

imputées, à la sortie, sur des soumissions souscrites dans la principalité avant ladite année. *(Circ. lith. du 22 décembre 1854 ; et Déc. du 1er avril 1863.)*

784—648 S. 1er §. Le nom de la principalité doit être inscrit à la fin de chaque feuille, à l'endroit où elle est datée et signée. *(Circ lith. du 23 novembre 1863.)*

3me §. *Ajouter :* Mais les formules relatives au onzième mois de l'exercice doivent toutes être fournies, sans exception de celles où il n'y aurait à reprendre que des antérieurs. *(Circ. lith. du 23 novembre 1863.)*

785—263. 2e §. *Ajouter :* modifiée par la circ. lith. du 3 novembre 1863.

P. 375. 2e §, 3e ligne. *Ajouter :* circ. lith. du 26 août 1863.

786—274. *Comptabilité.* L'état de situation des fonds de masse, série C. n° 78, est adressé à la comptabilité générale à l'expiration de l'année, avec le bordereau n° 4 de décembre. *(Déc. de la compt. gén. du 18 avril 1863.)*

787—274 *bis.* Quand les bureaux subordonnés sont transférés d'une principalité dans une autre, le montant de leur réserve figure au chapitre IV, Art. 4, du bordereau des comptables. *(Déc. de la compt. gén. du 16 mai 1861).*

Si le siége d'une principalité change de département, le comptable arrête ses écritures, dans l'ancienne résidence, comme au cas de fin de gestion et fait dépense de l'excédant en caisse (valeurs remises, etc.). *(Déc. de la compt. gén. du 25 novembre 1862.)*

788—293. P. 398. Les arrérages dus pour traitement de non-activité sont repris sur le relevé des créances restant à payer à la clôture de l'exercice, et ne figurent pas aux états série C. n° 80. *(Déc. de la compt. gén. du 25 juillet 1862.)*

Importations.

789—403. 1er et 2e §. *Ajouter :* A. de C. du 7 février 1863 ; circ. n° 909.

790—458. Note. Les vieux cuivres provenant du doublage des navires étrangers qui en reçoivent un nouveau en France sont traités comme métal brut, à charge par les intéressés, avant d'en prendre livraison, de les rendre impropres à tout autre usage que la refonte. (*note* 356 *du Tarif et Déc. du* 7 *mai* 1853.)

791—467. La conduite des navires comprend la traduction des documents écrits en langue étrangère et l'interprétation orale des explications données par les capitaines qui ne parlent pas le français. (*Ord. du* 14 *novembre* 1835.) Aussi un capitaine étranger ne peut-il être admis à remettre directement ses déclarations en douane qu'autant qu'il parle et écrit le français. (*Déc. du* 26 *novembre* 1863.)

792—495 à **510, 513** à **515.** *Rayer, le bénéfice de la réduction des droits étant supprimé par l'Art.* 21 *de la loi du* 16 *mai* 1863.

793—511. Le commerce conserve la faculté du triage, c'est-à-dire de retirer et de détruire, sous les yeux des employés, les marchandises qu'il juge trop détériorées pour supporter le paiement des droits. (*Circ. du* 25 *mai* 1863, *n*° 901.)

794—481 S. 7ᵉ §. En matière de transit international, toute infraction (rupture de plombage, etc.) reconnue à la douane de destination, et qui a motivé l'insertion de réserves dans le certificat de décharge de l'acquit-à-caution donne lieu à des renseignements transmis par le directeur de cette douane à son collègue de la division où est située le bureau d'expédition. Dans tous les cas, le directeur de ce dernier bureau rend compte de l'infraction à l'administration en émettant son avis, sous le timbre, savoir : du contentieux, dans la forme réglementaire, quand les chefs locaux pensent qu'une partie de l'amende doit être exigée ; du service général (2ᵉ division, 1ᵉʳ bureau), par lettre spéciale, si, à raison des circonstances, l'annulation pure et simple de la soumission est provoquée. Dans cette dernière hypothèse, il faut produire des explications sur les causes établies ou présumées de la contravention, les conditions de l'expédition, le plus ou moins de garanties qu'offrait le matériel de transport et les résultats de la vérification à l'arrivée. (*Circ. man. du* 17 *décembre* 1863.)

795. — Dans le cas où, s'il y a rupture de plombage d'un wagon, les marchandises qu'il renferme font l'objet de plusieurs acquits-à-caution, la douane de destination ou de sortie relate, dans la réserve inscrite sur chacun d'eux, que le wagon contenait aussi des produits énoncés à tels acquits-à-caution (nᵒˢ, dates, bureaux). Le directeur du bureau d'expédition doit alors appeler sur cette circonstance l'attention de l'administration lorsqu'il provoque une solution contentieuse, unique (*V.* n° 2293) pour l'infraction relative à tous ces acquits-à-caution (1). (*Circ. lith. du* 2 *mars* 1863.)

796—570 T. *Au* 1ᵉʳ § *substituer celui-ci :* Les marchandises ci-après indiquées, et dont la plupart font partie de ce qu'on appelle denrées exotiques de premier ordre, supportent, à leur importation par terre, les droits afférents aux importations effectuées par mer sous pavillon étranger. (*Loi du* 16 *mai* 1863, *Art.* 22 ; *circ. du* 25, *n°* 901.)

L'entrée de ces marchandises doit s'effectuer par les ports ou bureaux indiqués au n° 576. (*Circ. du* 25 *mai* 1863, *n°* 901.)

797—576. 2° §. *Ajouter :* Lannion. (*Décret du* 7 *octobre* 1863; *circ. du* 14, *n°* 931.)

798—579. Note, 1ᵉʳ §, 3ᵉ ligne. *Ajouter :* Annecy. (*Décret du* 7 *octobre* 1863 ; *circ. du* 15, *n°* 932.)

Entrepôts.

799—222. 226 S. *Rayer :* Fécamp.

800—680. On peut, en entrepôt, réduire de 95 à 90°, par une addition d'eau, les alcools étrangers destinés à la réexportation. (*Déc. min. du* 24 *décembre* 1863 ; *circ. man. du* 13 *janvier* 1864.)

801—694. *Rayer, le droit de réexportation étant supprimé par l'Art.* 20 *de la loi du* 16 *mai* 1863.

802—707. 1ᵉʳ §. *Rayer la* 5ᵐᵉ *ligne et mettre :* en franchise des droits (*Loi du* 16 *mai* 1863, *art.* 20; *circ. du* 25, *n°* 901.)

803—724. 1ᵉʳ §, 4ᵐᵉ ligne. *Ajouter :* Honfleur. (*Décret du* 28 *janvier* 1863 ; *circ. du* 2 *mars* 1863, *n°* 888.)

Transit.

804—789. 836. Sauf : 1° les conditions relatives aux armes de

---

(1) Le produit net se subdivise ainsi : deux tiers pour le bureau de destination, un tiers pour les bureaux de départ, la douane de Paris étant comprise lorsque, par suite de transbordement, elle a apposé un nouveau plombage. V. n° 449 S. (*Déc. du* 5 *janvier* 1864.)

guerre, *V.* n° 598 S, et aux munitions de guerre, *V.* n°ˢ 846, 2065 T, 377 et 747 S ; 2° l'interdiction absolue concernant les contrefaçons en librairie, *V.* n°ˢ 846 et 2071, les exclusions de transit sont supprimées. *(Loi du 16 mai 1863, art. 10 ; circ. du 26, n° 902.)*

805—790. *Rayer, les marchandises pouvant être admises au transit en tous sens par les bureaux désignés. (Loi du 16 mai 1863, art. 11.)*

806—794 *bis.* Les marchandises exemptes de droits à l'entrée et similaires des marchandises affranchies de taxes à la sortie ne sont pas soumises aux restrictions et formalités prescrites pour le transit, autres que les déclarations et vérifications imposées à l'égard de tout produit, à l'entrée ou à la sortie. *(Loi du 16 mai 1863, art. 12 ; circ. du 26, n° 902.) V.* n° 378 S.

807—794 *ter.* Des décrets déterminent pour les marchandises admises en transit, et sous les peines fixées par la loi, les conditions et formalités à remplir en ce qui concerne les déclarations, la nature et la forme des récipients et emballages, le plombage, l'estampillage et le prélèvement d'échantillons. *(Loi du 16 mai 1863, art. 18 ; circ. du 26, n° 902.)*

808—806. *Rayer, l'art. 16 de la loi du 16 mai 1863 ayant permis la réunion, dans un même colis, de marchandises d'espèces ou de qualités différentes.*

809—807. 809. Sont affranchies de la formalité du plombage les marchandises exemptes de droits à l'entrée et similaires des marchandises passibles ou affranchies de taxes à la sortie. *(Loi du 16 mai 1863, art. 13 ; circ. du 26, n° 902.) V.* n° 378 S.

810—808. Le prélèvement d'échantillon, toutes les fois qu'il est possible, peut être substituée au double emballage et au double plombage. *(Loi du 16 mai 1863, art. 14 ; circ. du 26, n° 902.) V. n°* 378 S.

811—812. Ne sont assujéties qu'au passavant les marchandises exemptes de droits à l'entrée et passibles de taxes à la sortie. Mais dans tous les cas, les boissons fermentées ou distillées sont soumises à l'acquit-à-caution. *(Loi du 16 mai 1863, art. 13 ; circ. du 26, n° 902.) V.* n° 378 S.

812—815. Lorsque la perte résultant de force majeure, de marchandises expédiées en transit est dûment constatée, l'administration peut dispenser les soumissionnaires du paiement des droits d'entrée, ou de la simple valeur en cas de prohibition. *(Loi du 16 mai 1863, art. 17 ; circ. du 26, n° 902.)*

L'Administration demeure seule juge des cas où il peut être fait application de cette disposition. Autant que possible, les justifications doivent résulter de constatations faites sur place, soit par les agents des douanes ou des contributions indirectes, soit par les juges de paix. Dans toute hypothèse, lorsque le bénéfice de l'article 17 est réclamé, les directeurs doivent examiner avec soin les circonstances de chaque fait et transmèttre le dossier à l'Administration, avec leurs observations et leur avis. *(Circ. du 26 mai 1863, n° 902.)*

813—817. *Rayer, l'art. 15 de la loi du 16 mai 1863 ayant affranchi le commerce de la présentation et du visa au bureau de seconde ligne.*

814—846. P. 654. 6ᵐᵒ §. *Substituer aux articles 1° et 2°, ceux-ci :* 1° Les matériaux de toutes sortes et les houilles peuvent être expédiés en vrac sous la garantie d'un acquit-à-caution et du plombage par capacité ; 2ᵉ on peut les livrer à la consommation à l'intérieur comme les autres produits. *(Circ. du 26 mai 1863, n° 902.)*

Admissions temporaires.

815—851, note 1. Quand, à défaut de caution, le service reçoit exceptionnellement la consignation du montant des droits au sujet de marchandises dont l'entrée doit d'ordinaire faire l'objet d'un acquit-à-caution, on délivre une reconnaissance série M, n° 23 C bis s'il n'existe pas de registre spécial. *(Déc. de la Compt. gén. du 29 décembre 1862.)*

816—852 *bis.* Les marchandises destinées à l'importation temporaire doivent être immédiatement déclarées en conséquence. Toutefois, à raison de circonstances particulières, des matières premières placées tout d'abord en entrepôt fictif peuvent, sur autorisation spéciale et après avoir été représentées au service, être admises au bénéfice de l'introduction temporaire. *(Déc. du 19 mai 1863.)*

817—868. 4ᵐᵒ ligne. *Aux quatre premiers mots, substituer ceux-ci :* de tout pays, sans distinction de provenance. *(Déc. min. du 14 avril 1863 ; circ. man. du 20.)*

818—871. Avant-dernier §. Article concernant les arachides. *Ajouter :* quand elles ont été importées en cosse ; pour celles décortiquées, le rendement est de 40 p. %. *(Circ. man. du 22 juin 1863.)*

819—887. Le mandataire d'un constructeur ou fabricant ne peut transférer à un tiers le pouvoir dont il est investi, qu'autant que cet acte lui confère la faculté de se faire remplacer. *(Déc. du 5 août 1863.)*

820—500 S. 1ᵉʳ §. *Ajouter :* Sans limite de dimensions. *(Déc. du 23 avril 1863.)*

La faculté d'admission temporaire est étendue aux clous et chevilles en cuivre destinés à fixer les plaques de doublage. *(Déc. min. du 3 juillet 1863, transmise le 13.)*

821—680 S. § 4°. *Mettre en note :* En compensation de cornières ou de fers à T et à double T, on peut, à la réexportation, admettre indistinctement les produits fabriqués avec l'une ou l'autre de ces catégories. *(Déc. du 2 juin 1863.)*

Exportations.

822—908. 5ᵐᵉ §. *Substituer à la nomenclature le § suivant :* Le droit de sortie est, par 100 kil. brut, de 4 fr. (décimes compris) sur les vieux cordages, goudronnés ou non ; de 12 fr. (décimes compris), sur les chiffons autres que ceux de pure laine et sur les drilles de toute espèce, comme à l'égard du carton de simple moulage et de la pâte à papier. *(Loi du 16 mai 1863, art. 2.)*

823—925. *Rayer le dernier §.* Les prohibitions de sortie sont supprimées à l'exception de celles concernant les contrefaçons en librairie et les munitions de guerre. *(Loi du 16 mai 1863, art. 2.)*

824—943. Après dénombrement des colis, reconnaissance de leurs marques et nᵒˢ, et vérification, par épreuves, de l'espèce des marchandises, à vue d'une déclaration de détail et d'une note indiquant le poids de chaque colis, les produits peuvent être dirigés par la Seine sur Paris (bureau de la Villette), sous le régime du transit ordinaire, mais avec exemption du plombage par colis, à bord de bateaux français offrant les garanties nécessaires et dont les écoutilles sont scellées du plomb du service. *(Déc. des 8 août 1860 et 27 novembre 1863.)*

825. — Les navires étrangers dont le pavillon est assimilé au pavillon français, arrivant de l'étranger chargés de houille, peuvent remonter la Seine jusqu'à Paris sous les conditions rappelées au nᵒ 943 et celles qui suivent : au premier voyage de chaque embarcation, le poids effectif de la houille est constaté par le service de Paris où l'on procède ensuite au jaugeage ; lors des voyages ultérieurs, les droits peuvent être perçus à Rouen soit à raison de 1,500 kil. par tonneau de jauge, si cette proportion se rapproche de la réalité, soit d'après le poids effectivement établi au premier voyage quand le bâtiment, d'une forme particulière, est susceptible de porter beaucoup plus de 1,500 kil. par tonne officielle. Tout transbordement en cours de trajet, par suite de difficultés de la navigation, ne peut s'opérer que sous la surveillance des préposés d'escorte fournis par la brigade de Rouen. (*Déc. du* 20 *mai* 1863.)

Pour le transport des houilles par navires français, *V.* n° 846, P. 654.

Cabotage.

826—944. *Rayer le* 1er § *de la note.* V. 829 et 830 S.

827—954. Afin de s'assurer qu'il ne peut s'élever d'appréhensions de fraude, les inspecteurs doivent fréquemment contrôler les opérations concernant les marchandises similaires de celles qui sont passibles, à la sortie ou à l'entrée, de droits relativement élevés. (*Circ. du* 23 *février* 1863, *n°* 886.)

828—957. On accorde de grandes facilités soit pour la visite, soit pour l'embarquement et le débarquement des marchandises de cabotage. La reconnaissance en est faite sur les points mêmes de chargement ou de déchargement, sans apport préalable au bureau. (*Circ. du* 23 *février* 1863, *n°* 886.)

829—965. 6° et 7° §. *Rayer.* Les marchandises expédiées sous le régime du cabotage, de port français à port français, sont affranchies du plombage. (*Circ. du* 23 *février* 1863, *n°* 886.)

Cette exemption s'étend aux mutations d'entrepôt par mer, aux transbordements et aux réexportations directes par mer, alors même qu'il s'agit des ports désignés au n° 702 T. (*Circ. des* 15 *janvier* 1855, *n°* 258, 30 *novembre* 1858, *n°* 561 *et* 23 *février* 1863, *n°* 886.)

Rayer les n°s 966, 1009 T., 106 *et* 502 S.

830—971. Dernier §. *Rayer.* Les armes et munitions de guerre, les drilles, la pâte à papier et l'acide arsénieux sont soumis à la garantie de l'acquit-à-caution. Dans tout autre cas, il n'est délivré qu'un passavant. (*Circ. du* 23 *février* 1863, *n°* 886.) V. n° 97 S.

Navigation.

851—1019. Sont exemptés du rôle d'équipage les bateaux et chalands uniquement employés à l'exploitation de propriétés rurales, fabriques, usines et biens de toute nature situés dans les îles et sur les rives de fleuves ou de rivières dans leur partie maritime.

Sous la condition de se pourvoir d'un permis de navigation, les yachts et bateaux uniquement affectés à une navigation de plaisance sont affranchis de l'obligation d'un rôle d'équipage. Toute opération de commerce leur est interdite. (*Décret du 25 octobre 1863.*)

852—1051. P. 72. En cas de cession de navire, si l'ancien propriétaire refuse de livrer l'acte de francisation, le service ne peut passer outre. Pour obtenir un nouvel acte, l'acquéreur doit produire un jugement portant défense au vendeur de faire usage du premier titre. (*Déc. du 13 février 1863.*)

853—1053. A l'égard des navires français vendus à l'étranger à des français, le Consul de France annote le transfert au verso de l'acte de francisation laissé au capitaine ; et les anciens propriétaires restent sous le coup de leurs soumissions jusqu'à ce qu'elles aient été régulièrement remplacées. (*Circ. lith. du 20 février 1863.*)

854—1082. P. 92. 3e §. Article relatif aux navires *anglais* en relâche forcée, allant de l'étranger à l'étranger avec chargement. *Ajouter :* sans faire aucune opération de commerce,.......... 1 fr. par tonneau. (*Déc. min. du 18 avril 1863 ; circ. du 28, n° 896.*)

855. P. 94. Aux Articles concernant les navires *belges* sur lest, *rayer ce mot :* repartant.

Au § relatif aux navires chargés venus de Belgique, *rayer* 2 fr. 20 *et mettre* exempts.

Rayer les autres Articles énonçant un droit de 2 fr. 20.

A chaque article ainsi modifié, ajouter : Décret du 6 août 1863 ; circ. du 10, n° 922.

856—(7). 3e §. 5e ligne. *Ajouter :* l'embarquement des objets reconnus indispensables pour la navigation du navire. (*Déc. du 21 janvier 1863.*)

857—(18). 3e §. *Ajouter :* Dans le cas où le navire ne rembarquerait qu'une partie des futailles mises à terre, le droit de tonnage serait exigible. (*Déc. du 23 novembre 1863.*)

838—(57). *Rayer les trois premiers* §.

Au 5ᵉ §, *rayer ce qui concerne le droit de* 2 *fr*. 20.

Dernier §. *Ajouter :* Les droits se perçoivent sur le tonnage constaté d'après le mode de jaugeage usité en France. (*Circ. du* 10 *août* 1863, *n*° 922.)

Sels.

839—1365. 1ᵉʳ §, en note. Les harengs de pêche française, provenant de Terre-Neuve, peuvent être admis au droit d'entrée spécial moyennant la production de certificats d'origine émanés soit du commissaire de l'inscription maritime de St-Pierre, soit, quand les navires reviennent directement de la côte, du commandant de la station française ou des prud'hommes. (*Circ. lith. du* 30 *juin* 1863.)

6ᵉ et 11ᵉ ligne. *Au lieu de* 31 *décembre, mettre :* dernier jour de février. (*Circ. man. du* 29 *juin* 1863.)

Note 2. *Ajouter :* il n'y a qu'un armement pour les pêches d'Yarmouth et des côtes de France. (*Circ. man. du* 29 *juin* 1863.)

840—1368. *Rayer à partir du* 3ᵉ §, *par suite de la circ. man. du* 29 *juin* 1863.

841—1368 *bis*. Les préparatifs d'armement pour la pêche du hareng ou du maquereau peuvent s'effectuer dans tous les ports (*V*. n° 1341), sauf pour les bateaux destinés à la pêche avec salaison à bord à se faire expédier dans l'un des ports désignés au n° 1369. (*Circ. man. du* 29 *juin* 1863.)

Les commissions locales (*V*. n°ˢ 1341 et 1369), chargées de la visite au départ et au retour des bateaux, ont la faculté d'opérer cette visite intégralement ou partiellement suivant qu'elles le jugent convenable d'après les circonstances. (*Même circ. man.*)

842—1369. *Rayer les mots :* ouverts à l'importation.

2ᵉ §. *Ajouter :* Dunkerque. (Décret du 28 février 1863 ; circ. n° 889.)

843—1375. *Rayer, une dépêche du département de la Marine du* 20 *juin* 1863 *ayant abrogé le minimum d'équipage*.

844—1377. Est réduit pour la pêche du hareng le minimum des filets d'après le tonnage des bateaux et dans les proportions suivantes :

Bateaux de	11 à 15 tonneaux.	4,800 mètr. carr.	Bateaux de	45 à 47 tonneaux.	10,200 mètr. carr.
	16 à 19...........	5,400		48 à 50...........	10,800
	20 à 23...........	6,000		51 à 53...........	11,400
	24 à 27...........	6,600		54 à 57...........	12,000
	28 à 31...........	7,200		58 à 61...........	12,600
	32 à 35...........	7,800		62 à 65...........	13,200
	36 à 38...........	8,400		66 à 68...........	13,800
	39 à 41...........	9,000		69 à 71...........	14,400
	42 à 44...........	9,600		72 à 75...........	15,000

On peut embarquer des barils démontés, sauf les barils cerclés en fer qui doivent être chargés tout montés. (*Circ. man. du* 29 *juin* 1863.)

845—1585. L'importation des harengs salés ou des maquereaux salés provenant de pêche française peut s'effectuer, soit dans les ports désignés au n° 1369 et où est constituée une commission permanente pour recevoir, au départ, les déclarations d'armement et les contrôler, soit dans tout port où il existe un agent de la marine et un bureau de Douane. Les deux employés de la marine et des douanes forment dans ces derniers ports une commission (*V.* n° 1341) pour constater la provenance des produits de pêche et prononcer l'admission au privilége national ou le refus de cette immunité. (*Circ. man. du* 29 *juin* 1863.)

846—1590. *Rayer le* 3me §. (Circ. du 29 juin 1863.)

847—1455 à 1458. *Rayer, l'institution des syndics étant supprimée et la vente des salaisons rentrant dans le droit commun.*

Les chambres de commerce peuvent faire adopter pour chaque saleur une marque à feu spéciale comme garantie de la bonne préparation des salaisons. Mais on ne doit apporter aucune entrave à la faculté de vendre soit au poids, soit à la mesure, selon l'usage des localités et la convenance des intéressés. (*Circ. man. du* 29 *juin* 1863.)

848—1442. Pour assurer la conservation des poissons salés expédiés en cabotage, on alloue des saumures dans la proportion de 3 kil. p. °/₀ de salaisons, ce qui est indiqué sur le passavant en même temps que l'obligation de faire submerger, à l'arrivée, en présence du service, la partie de saumures qui n'aurait pas été absorbée avant débarquement. (*Déc. du* 14 *mars* 1834.)

849—1446. Les sels de coussins destinés à l'amendement des terres, peuvent être dénaturés au moyen de débris de poissons ou de poissons coupés en morceaux, dans la proportion de 30 kil. au plus de sel par 100 kil. de détritus. (*Déc. du* 14 *novembre* 1863.)

Régimes spéciaux.

850—1475. 5ᵐᵒ §. *Corse. Ajouter :* Porticciolo. (*Circ. nº 894.*) Cervione. (*Circ. nº 923.*)

851—1477. 1ʳᵉ nomenclature. *Ajouter en note :* Les bouteilles et autres récipients contenant des vins ou des liqueurs alcooliques sont admissibles en franchise. (*Déc. du 1ᵉʳ avril 1863.*)

852—1491. *Algérie. Rayer la 9ᵉ et la 10ᵉ ligne.*

Un droit de tonnage de 4 fr. est perçu par tonneau d'affrétement sur les marchandises que les navires étrangers débarquent ou embarquent dans les ports de l'Algérie (1). (*Loi du 23 mai 1863, art. 1ᵉʳ; circ. du 29, nº 904.*)

Ce droit de tonnage est également perçu (1) proportionnellement au nombre de passagers débarqués ou embarqués, et fixé comme suit : 1º un tonneau par chaque passager débarqué ou embarqué, chaque enfant, quel que soit son âge, étant compté pour un passager; 2º deux tonneaux par cheval; 3º trois tonneaux par voiture à deux roues, et quatre tonneaux par voiture à plus de deux roues.

Les bagages des passagers, y compris les petites provisions de voyage qu'ils ont avec eux, ne sont pas comptés dans l'évaluation des marchandises débarquées ou embarquées. (*Même loi, art. 2.*)

33ᵐᵉ ligne. *Ajouter :* et Déc. min. du 11 août 1863.

853—1493. 7ᵉ §. *Rayer :* fers en barres.

854—1494. Fers en barres plates, carrées ou rondes, y compris les rails pour chemins de fer, 6 fr. les 100 kil., décimes compris, (*Décret du 7 septembre 1863 ; circ. du 17 décembre 1863, nº 939.*)

855. — Les produits similaires de ceux désignés au nº 1514 et importés de l'étranger autrement que dans les conditions des traités (*V.* nº 435 S), sont soumis aux droits du tarif général métropolitain. Toutefois ceux de ces produits frappés de prohibition en France supportent les taxes

---

(1) Ce droit de tonnage ne peut, dans aucun cas, excéder la somme qui aurait été perçue d'après le tarif actuel. (*Loi du 2 mai 1863, art. 3.*)

Le droit est dû à raison de tout embarquement de marchandises, alors même que le navire étranger, arrivé avec une partie de chargement, n'a effectué aucun débarquement. (*Déc. du 16 octobre 1863.*)

énoncées au n° 1493. (*Décret du 2 septembre 1863, art. 2; circ. du 10, n° 928.*)

856—1501. 2ᵐᵉ §, 1ʳᵉ ligne. *Rayer les mots :* minerais de cuivre.

857—1514. 1ʳᵉ nomenclature. *Ajouter :* soude naturelle; peaux corroyées, hongroyées ou autrement apprêtées, teintes ou vernies, mégies, chamoisées ou maroquinées. (*Loi du 16 mai 1863, art. 3.*)

Dernier §. *Ajouter :* Savons autres que de parfumerie. (*Loi du 16 mai 1863, art. 3.*)

858—711 S. *Ajouter :* et loi du 16 mai 1863, art. 3.

859—1514 *bis* T. Les liqueurs alcooliques, d'origine algérienne, supportent en France un droit d'entrée de 8 fr. 75 (en principal), par hectolitre de liquide. (*Loi du 16 mai 1863, art. 3.*)

860. — Les autres produits originaires de l'Algérie et qui ne sont pas repris aux nomenclatures du n° 1514, sont admis en France soit en exemption des droits, si la franchise est inscrite dans les tarifs conventionnels franco-anglais et franco-belge, soit à des droits égaux à ceux déterminés par ces tarifs. (*Décret du 2 septembre 1863, art. 1ᵉʳ; circ. du 10, n° 928.*)

Cette application du bénéfice des tarifs conventionnels est subordonnée aux restrictions d'entrée concernant les produits anglais importés dans les conditions des traités de commerce. (*Circ. n° 928.*)

861—1515. 1ᵉʳ §. *Ajouter :* et circ. du 10 septembre 1863, n° 928.

862—1525 T. 413 S. Les *territoires neutralisés* du pays de Gex et de la Haute-Savoie sont soumis à un même régime commercial dont les conditions sont déterminées par le règlement annexé à l'arrêté min. du 31 mai 1863. (*Circ. du 25 juin 1863, n° 910.*)

863—715 S. 1ᵉʳ §. *Colonies. Ajouter :* et loi du 16 mai 1863, art. 30; circ. du 25, n° 901.

864—1589. P. 283. *Modifier ainsi l'article concernant les tabacs :* en feuilles, 120 fr.; préparés, 240 fr. (*Loi du 16 mai 1863, art. 26; circ. du 25, n° 901.*)

865—716 S. 1ᵉʳ §. *Ajouter :* et loi du 16 mai 1863, art. 27; circ. du 25, n° 901.

866—1613. On admet en exemption de droits les toiles dites guinées arrivant de Pondichéry avec un certificat d'origine régulier, sans recher-

2

cher si elles ont été tissées dans cette possession. *(Déc. du 19 juin 1863.)*

867—418 S. *Primes.* 5e §. Avant-dernière ligne. *Rayer les mots :* les, avec.

8me §. Rayer la 2me ligne.

Les duplicata des états série **M** n° 57 doivent être transmis par le directeur à l'administration au fur et à mesure que les liquidations provisoires sont arrêtées. *(Circ. man. du 23 décembre 1863.)*

868—1697. *Rayer, l'art. 9 de la loi du 16 mai 1863 ayant supprimé le jury spécial.*

869—1717. *Rayer, la prime sur le sel ammoniac étant supprimée par le Décret du 22 novembre 1863.*

870—1776, 1782. *Grains.* Nonobstant les restrictions d'entrée et de sortie dans l'économie du tarif actuel, les directeurs peuvent autoriser les importations et les exportations de céréales par les bureaux où la mesure leur paraît justifiée. *(Déc. du 5 février 1863.)*

871—1796 à **1826.** *Rayer, la recherche et la saisie à l'intérieur des marchandises prohibées étant interdites par l'Art. 31 de la loi du 16 mai 1863. (Circ. du 25, n° 901.)*

872—429 S. *Traités. Angleterre.* C'est à partir du 1er octobre, sauf pour les houilles, que doivent être appliqués, en 1864, les nouveaux dégrèvements de taxes stipulés par les traités franco-anglais et franco-belge. *(Circ. lith. du 4 décembre 1863.)*

873—550 S. 2e §. *mettre en note :* mais il ne peut en être ainsi quand les marchandises ont été saisies pour fausse déclaration d'origine anglaise ou belge. *V.* n° 728 S. *(Déc. du 20 juillet 1863.) V.* n° 2260.

874—551 S. *Ajouter :* Les marbres d'Italie sciés, polis ou autrement ouvrés en Angleterre ou en Belgique. *(Déc. du 15 mai 1863.)*

875—556 S. Pour les sacs neufs, *V.* n° 258 T., note 4, P. 365. Les sacs offrant des traces évidentes d'usage rentrent, à l'importation d'Angleterre ou de Belgique, dans la classe des articles d'emballage et sont admissibles en franchise, sans certificat d'origine, quand la douane ne met pas en doute qu'ils ont servi. *(Circ. n° 764 ; et Déc. du 20 juillet 1863.)*

876. — Même n°, 2e §, note ; 559 S. 1er §, 6e ligne, en note. L'immunité de droits s'applique aux cotons en laine provenant des pays situés au-delà du cap de Bonne-Espérance et du cap Horn, et importés, dans les conditions des traités, soit par mer directement ou des entrepôts anglais ou belges, soit par terre des entrepôts de la Belgique. (*Déc. min. du 23 juin 1863 ; circ. du 2 juillet 1863, n° 911.*)

877. — Est interdite l'importation des produits de pêche par bateaux pêcheurs anglais (*Règlement international de 1843, Art.* 85 *et* 86). Il n'est fait d'exception à ce sujet que pour les bateaux en relâche forcée ; et le débarquement des poissons ou coquillages ne peut alors être effectué qu'en vertu d'un permis des autorités maritimes compétentes.

Le service doit donc, à l'importation, s'assurer qu'il ne s'agit pas de bateaux pêcheurs anglais. A cet effet, il doit exiger la production de certificats d'origine, sauf pour les huîtres et les homards (*V.* n° 734 S.) à l'égard desquels la douane a surtout, pour élément de constatation, ses investigations à bord. Dans le cas où la présence d'engins de pêche ou tout autre indice la conduirait à penser que le bateau importateur est un bateau pêcheur, elle préviendrait immédiatement l'administration de la Marine chargée de poursuivre la répression de la contravention.

Les caboteurs français sont d'ailleurs autorisés à se rendre sur les lieux de pêche, dans la mer commune, pour y recevoir les huîtres draguées par les anglais et les introduire en France aux droits du tarif conventionnel. L'interrogatoire des équipages fait, en cas de doute, reconnaître s'il est réellement question de produits de pêche Britannique. (*Circ. man. du 24 juin 1863.*)

878—565 S. L'assurance est toujours comprise dans la valeur des marchandises ; mais on déduit l'escompte accusé dans les factures toutes les fois que la valeur reste régulière et normale. La facture et les indications fournies sur le taux de l'escompte, et sur les frais de transport et de commission, ne sont que des éléments d'estimation qui ne peuvent lier le service : il évalue la marchandise d'après sa conviction, sauf au déclarant à réclamer, s'il le juge à propos, l'expertise locale. (*Déc. du 12 juin 1863.*)

879—566 S. *Rayer à partir de la* 3e *ligne.*

880—562 S. 2e §. *Ajouter :* Granville. (*Circ.* n° 895.)

881—1855. Les produits anglais importés dans les colonies soit directement d'Angleterre, soit des entrepôts de France sont, sous les conditions du Traité de Commerce, *V.* n° 429 S., admis au droit conventionnel. (*Traité de Commerce ; et Déc. du* 10 *juin* 1863.) *V.* n° 435 S.

882—1858. *Russie.* P. 408, note 1. 1er §. *Ajouter :* Le service exige la représentation d'une patente régulièrement délivrée en Russie. (*Circ. lith. du* 24 *octobre* 1863.)

2e §. On doit refuser le bénéfice du traité aux navires russes dont les équipages ne comprennent pas un quart au moins de matelots russes. (*Circ. lith. du* 24 *octobre* 1863.)

883—1860. *Néerlande.* Les alcools d'origine néerlandaise, importés directement par la frontière de Belgique (1) ou par navires français ou hollandais (2), sont admis au droit de 15 fr., décimes compris, par hectolitre à cent degrés (3). (*Arrangement du* 1er *février* 1863 ; *Décret du* 30 *mai* 1863 ; *circ. du* 9 *juin suivant, n*° 907.)

Les intéressés doivent produire à l'arrivée, indépendamment des manifestes, connaissements et attestations ordinaires de la douane néerlandaise, un certificat d'origine délivré par les expéditeurs et dûment légalisé par l'agent consulaire de France au port de départ. (*Circ. n*° 907.)

En cas d'importation par la frontière de Belgique, on appliquerait le tarif général. (*Même circ.*)

884—570 S. *Belgique.* La circ. lith. du 15 juillet 1863 a transmis des types représentant la limite extrême de coloration au-delà de laquelle les toiles dites ardoisées doivent être traitées, non comme écrues, mais comme toiles teintes.

885—1884. La convention conclue en 1836 entre la France et l'*Uruguay* aura son effet jusqu'au 7 juillet 1865. (*Décret du* 29 *août* 1863 ; *circ. du* 8 *septembre* 1863, n° 927.)

886—1891. 1er §, 1re ligne, en note. Les navires *chiliens* peuvent

---

(1) Avec un certificat d'origine régulier. (*Circ. du* 7 *octobre* 1863, n° 930.)

(2) Soit par mer d'un port néerlandais en Europe (*Circ. n*° 907) ; soit par le Rhin ou la Moselle et par le bureau de Strasbourg ou de Sierck ; et, dans ce dernier cas, les intéressés ont à produire, outre un titre d'origine, un certificat de l'agent consulaire français au lieu de départ constatant la nationalité du bâtiment importateur. (*Déc. min. du* 28 *novembre* 1863 , *circ. du* 11 *décembre suivant*, n° 938.)

(3) C'est pour l'importation en fûts que la taxe est établie par hectolitre d'alcool pur ; si l'importation a lieu en bouteilles, le droit est perçu par hectolitre de liquide. (*Circ. n*° 907.)

faire escale et effectuer des opérations d'embarquement ou de débarquement dans les ports intermédiaires, sous la réserve de n'y point charger de produits similaires de ceux pris au Chili.

Pour jouir alors du bénéfice du transport direct, les capitaines chiliens devront fournir les justifications réglementaires, et, de plus, se pourvoir dans chaque port d'escale d'un état des marchandises qu'ils y auront embarquées, visé par l'agent consulaire de France. Ces dernières marchandises seront d'ailleurs traitées selon leur provenance.

A l'égard des navires Français, *V.* n° 20 T. (*Circ. du 16 octobre 1863 ; n° 933.*)

887—1892. *Paraguay.* 1er §. *Ajouter :* et décret du 30 mai 1863 ; circ. du 10 juin 1863, n° 908.

888—1907 *bis. Avitaillement.* — Les navires français allant aux colonies ou autres possessions françaises d'outre-mer peuvent, sous les formalités de la réexportation, extraire d'entrepôt, en franchise de droits d'entrée, les denrées ou produits nécessaires à leur approvisionnement. *(Déc. min. du 29 avril 1863; circ. du 7 mai suivant, n° 898.)*

889—1928. 1931. *Voyageurs.* Sont admis en franchise de droits, en tant qu'ils sont en cours d'usage, les habillements, le linge de lit, de table et de corps, les livres de bibliothèque particulière (*V.* n° 2076), les vieilles porcelaines, les pianos, outils, instruments d'arts libéraux ou mécaniques, les matériels agricoles ou industriels, à l'exclusion des machines et mécaniques, les trousseaux de mariage et ceux des élèves envoyés ou résidant en France, les meubles et les divers articles que le tarif général considère comme composant un mobilier. *V.* n°s 287 et 585 S. (*Loi du 16 mai 1863, art. 25 ; circ. du 25, n° 901.*)

890—1931. Les outils apportés par des ouvriers étrangers, qui viennent momentanément travailler en France, peuvent être admis en exemption de tout droit, même s'ils sont neufs, pourvu que le nombre en soit proportionné aux besoins des intéressés. *(Déc. du 27 octobre 1862.)*

891—1942. *Retours. Rayer la 1re et la 2me ligne, ainsi que les cinq premiers mots de la 3me. A la 3me ligne, après ces mots :* les autorisations de réimportation, *mettre :* accordées en franchise de tout droit. (*Loi du 16 mai 1863, art. 20.*)

892—1947. 2me §. Les sacs servant au transport des grains peuvent, avec faculté du libre retour, être dispensés de l'estampillage, soit à l'importation (*V.* n° 258, note 4), soit au départ, pourvu que les entrées et les sorties s'effectuent par un même bureau. *(Déc. du 20 juillet 1863.)*

893—562 S. 2me §. *Armes. Ajouter :* Bayonne. *(Décret du 16 juillet 1863 ; circ. du 24, n° 918.)*

894—592 S. Les pièces d'armes, brutes ou non, suivent le régime des armes selon l'espèce, alors même que, pour l'application des traités de commerce, elles seraient rangées dans certaines classes d'ouvrages en métaux. *(Circ. du 21 février 1863, n° 885.)*

Toutefois, les pièces d'armes de guerre forgées, estampées ou laminées pourront, jusqu'au 1er juillet 1864, être admises aux droits, sans autorisation du département de la guerre, par tous les bureaux ouverts à l'entrée des armes, sauf au service à s'assurer immédiatement, d'après la correspondance des importateurs ou toute autre justification, que les objets sont destinés à l'un des fabricants régulièrement désignés. *(Circ. man. du du 30 mai 1863.)*

895—594 S, 3me §. *Ajouter :* Givet. *(Décret du 22 juin 1863 ; circ. 8 juillet 1863, n° 913.)*

896—595 S. *Ajouter :* Dunkerque, pour les armes de guerre importées par l'un des bureaux désignés au n° 594 S. *(Décrets des 14 mars et 18 juin 1863 ; circ. des 26 mars 1863, n° 892, et 4 juillet 1863, n° 912.)*

897—598 S, 2me §. *Ajouter :* Dunkerque, pour la réexportation des armes et pièces d'armes, de toute sorte, d'origine étrangère, importées par l'un des bureaux désignés au n° 594 S. *(Décret du 18 juin 1863 ; circ. du 4 juillet 1863, n° 912.)*

898—2073. *Librairie.* 1er §, dernière ligne, en note. Est admissible à l'importation ou au transit, la librairie en langue française présentée en feuilles pliées selon le format dans lequel elles ont été imprimées et selon la pagination qu'elles portent, de manière qu'il soit possible facilement de distinguer le commencement de l'ouvrage, d'en retrouver le titre et d'en juger le caractère. *(Déc. min. du 5 septembre 1863 ; circ. du 11, n° 929.)*

899—2076. Les livres de bibliothèque particulière sont admis en franchise de droits. *(Loi du 16 mai 1863, art. 25 ; circ. du 25, n° 901.)* *V.* n° 889 S.

900—2077. Note 2, P. 511, 1ᵉʳ §. *Mettre un astérisque* [ ] Dunkerque, Béhobie, Saint-Malo, Bordeaux, Nantes, Dier a, ba [...] Calais, *(circ. nº 891.)* Ajaccio. *(Circ. nº 934.)*

Ajouter : * Givet, * Granville. *(Circ, nº 891.)*

901—2078. 2ᵐᵉ §. *Ajouter :* en franchise de tout droit. *(Circ. du 25 mai 1863, nº 901.)*

902—2084. *Marques de fabrique.* Les dispositions de la loi du 23 juin 1857 ne sont pas applicables aux armes fabriquées à l'étranger par ordre de fabricants français, revêtues de leur marque et accompagnées d'un certificat authentique indiquant l'espèce et le nombre des armes ainsi que la nature de l'estampille. *(Déc. du 11 août 1863.)*

903—2152. 1ᵉʳ §. Cette disposition s'étend aux *poudres* à l'état de cartouches. *(Circ. du 8 décembre 1863, nº 936.)*

904—2162. *Timbre.* Les agents de douane autorisés à viser pour timbre les lettres de voiture et connaissements, sont pourvus de timbres mobiles et des griffes destinées à servir à l'oblitération immédiate de ces timbres. *(Circ. man. du 1ᵉʳ octobre 1863.)*

905—2186. Note (ᵉ). *Contentieux.* Les contrevenants détenus doivent recevoir assignation pour la plus prochaine audience. *(Circ. lith. du 9 avril 1863.)*

906—2215. P. 602. En cas de référé devant le président du tribunal civil, il n'est pas nécessaire d'employer le ministère d'un avocat ; il suffit alors que l'administration soit représentée par un avoué dont l'intervention est d'ailleurs toujours indispensable dans les instances autres que devant le tribunal de paix. *(Déc. du 20 mars 1863.)* V. nº 753 S.

907—2282. Avant de procéder, à l'égard des cautions, à des actes d'exécution, V. nº 753 S, il convient d'ordinaire d'attendre que la position du débiteur principal soit déterminée ; mais à raison de leur plus ou moins de solvabilité et afin d'accélérer la solution, il peut être utile d'agir contre les cautions en même temps que contre le principal engagé. Pour le cas de faillite, V. nº 2287.

Quand les valeurs mobilières, placées par saisie sous la main de la régie, sont insuffisantes pour couvrir, outre les frais, le montant des privilèges des contributions directes et du propriétaire, il faut laisser le soin de la vente à ces créanciers de premier ordre, sauf, s'il y a lieu, à demander compte de l'emploi du produit. *(Déc. du 17 novembre 1863.)*

908—2307. 2ᵐᵉ §. Dans le cas où un préposé, qui a seul déjoué la fraude, requiert un second agent pour constater la saisie, celui-ci n'est traité que comme intervenant. L'officier désigné alors dans le procès-verbal n'a d'ailleurs droit qu'à la part de chef. *(Déc. du 21 avril 1863.)*

11ᵐᵉ §. Pour exclure de la répartition un agent désigné dans un procès-verbal comme saisissant, l'administration statue et elle n'approuve l'élimination qu'à vue des pièces de l'enquête effectuée par les chefs locaux. *(Déc. du 11 avril 1863.)*

FIN DU SIXIÈME SUPPLÉMENT.

www.ingramcontent.com/pod-product-compliance
Lightning Source LLC
Chambersburg PA
CBHW070750280326
41934CB00011B/2864